# DESCRIPTION
# DU MAUSOLÉE

Élevé dans l'Église de Notre-Dame de Paris , pour le
SERVICE folemnel qui fera célébré
le fix Septembre 1768.

POUR *Très-Haute , Très-Puiſſante & Très-Excellente Princeſſe*
*MARIE-CHARLOTTE-SOPHIE-FÉLICITÉ*
*LESZCZYNSKA, Fille de Très-Haut, Très-Puiſſant & Très-*
*Excellent Prince,* STANISLAS PREMIER *, Roi de*
*Pologne , Duc de Lorraine & de Bar ,* PRINCESSE DE POLOGNE,
*Épouſe de Très-Haut, Très-Puiſſant & Très-Excellent Prince*
*LOUIS XV, Roi de France & de Navarre.*

# DESCRIPTION
## DU MAUSOLÉE

DE Très-Haute, Très-Puissante & Très-Excellente
PRINCESSE, MARIE-CHARLOTTE-
SOPHIE-FÉLICITÉ LESZCZYNSKA,

## REINE DE FRANCE,

Cette Pompe Funébre ordonnée de la part de SA MAJESTÉ par M. le Duc DE FLEURY, Pair de France, Premier Gentilhomme de la Chambre du Roi, a été conduite par M. PAPILLON DE LA FERTÉ, Intendant & Contrôleur Général de l'Argenterie, Menus Plaisirs & Affaires de SA MAJESTÉ.

*Sur les Desseins du Sieur MIC-ANG. CHALLE, Peintre Ordinaire du Roi, de son Académie & Dessinateur de sa Chambre & de son Cabinet.*

La Sculpture a été exécutée par le Sieur BOCCIARDI, Sculpteur des Menus-Plaisirs du Roi.

DE L'IMPRIMERIE
De P. R. C. BALLARD, seul Imprimeur pour la Musique de la Chambre & Menus-Plaisirs du Roi, & seul Imprimeur de la grande Chapelle de Sa Majesté.

M. DCC. LXVIII.
*Par exprès Commandement de SA MAJESTÉ.*

# DESCRIPTION
## *DU MAUSOLÉE*

Érigé dans l'Eglife de Notre-Dame de Paris,

## POUR LA POMPE FUNEBRE

DE *Très-Haute , Très-Puiſſante & Très-Excellente Princeſſe ,*
MARIE-CHARLOTTE-SOPHIE-FÉLICITÉ LESZCZYNSKA,

## REINE DE FRANCE.

E trifte appareil qui décore cette ancienne Métropole , commence au Parvis. La vafte étendue du Portail eft couverte d'un Drap noir traverfé dans le milieu & aux extrémités par trois litres de Velours, chargés d'Écuffons aux Armes de France & de LA REINE.

A ij

Au-dessus de la Porte principale , des Termes de Bronze dorés , foutiennent le fronton circulaire d'un Entablement Corinthien , dont le fommet terminé en amortiffement , eft couronné de Lampes ardentes , & d'une Urne de Lapis accompagnée de Rameaux de Cyprès. Des Groupes d'Anges plus grands que le naturel , portés fur des Nuages , expriment la plus grande douleur en couvrant & entourant de Guirlandes funebres le double Écuffon de France & des Armes de la REINE. Ces Armes font furmontées de la Couronne Royale , & enquadrées dans un magnifique Cartel d'Or attaché aux folides de ce Monument , dont le fond & l'entablement font de Marbre blanc veiné.

Sur les Portes latéralles , des avants-corps de même Marbre , couronnés de Timpans d'une architecture Tofcane & dont les extrémités font terminées par des Lampes Sépulcrales , couvrent les ornemens de très-grands Cartouches en Or , qui renferment fur un fond de Lapis lazuli , les premieres lettres des noms de l'Augufte MARIE-CHARLOTTE-SOPHIE-FÉLICITÉ LESZCZYNSKA , Princesse de Pologne , REINE DE FRANCE.

Ces Lettres Initialles relevées en Or , font entourées de Cyprès rehauffés en Argent : les feftons que forment ces triftes Rameaux , font foutenus par des Génies Céleftes , qui peignent par leurs attitudes , la Snsibilité & la Tristesse.

L'enceinte de la Nef eft entierement couverte de noir, & préfente le Camp de douleur. Les lugubres ornemens qui la décorent , fufpendus à des Cyprès , offrent dans de riches Encadremens relevés en or, les Armes & les Chiffres de la PRINCESSE DE POLOGNE, REINE DE FRANCE. Ces mêmes Armes font foutenues par des Groupes d'Anges, & diftribuées alternativement entre les Chiffres de LA REINE aux deux côtés de la Nef.

A la hauteur où font placées ces Armes, au-deffus de l'entrée du Chœur, les regrets de la Nation entiere, & l'affliction publique font figurés par une Femme couronnée & vêtue du Manteau de nos Rois. Cette Figure repréfente LA FRANCE : fes yeux baignés de larmes, font fixés au Ciel ; un Ange defcendu fur des Nuages, la confole en lui montrant un Diadême étoilé, fymbole des Couronnes Immortelles que les Vertus Chrétiennes ont mérités à l'Augufte PRINCESSE dont la mort caufe fes juftes regrets.

LES récompenfes accordées à ces Vertus ; des Septres, des Palmes & des Couronnes de fleurs font préfentées par de jeunes Anges, tandis que d'autres foulevent un Manteau de Velours violet, parfemé de larmes brodées en Argent, & doublé d'Hermine. Ce Manteau couvre les Armes & la Couronne de SA MAJESTÉ, enquadrées dans un magnifique ornement, enlaffé & fufpendu par des Anges à des feftons de Cyprès. Deux Cartouches en or, renferment aux deux côtés de ce trifte Tableau, les Chiffres de LA REINE, relevés en or, fur un fond d'Azur.

TROIS lez de Velours noir fur lefquels font rangés à diftances égales, les doubles Écuffons des Armes de France & de celles de LA REINE, entourent & traverfent cette décoration funebre.

Un folide de Marbre gris veiné, fert d'arriere-corps à des Colonnes ifolées portées fur de grands Socles : ces Colonnes foutiennent la principale entrée du Chœur ; elles font de marbre bleu Turquin, cannelées aux deux tiers de leur fuft ; leurs proportions font prifes dans l'ordre Dorique, ainfi que celles du fronton & de l'entablement. Les tables de compartiment, la frife & le fond du Tympan font de bleu Turquin ; la Corniche, les Chapitaux & les Bafes de Marbre blanc. On a fupprimé les Triglifs de la frife pour y graver en lettre d'Or ce paffage de la Sainte Ecriture :

*VENITE, ADOREMUS, ET PROCEDAMUS, ET PLOREMUS ANTE DOMINUM QUI FECIT NOS.* Pf. 74. v. 6.

Des Groupes de lumieres portés par des Girandoles attachées aux ornemens des Cartouches, éclairent ce fombre appareil, & fe réuniffent à un cordon de feu, & à une Gerbe lumineufe pofée fur la cimaife du fronton qui couronne la Porte du Chœur.

Deux Arbres allumés, élevés fur des Piedeftaux aux deux côtés de la Porte extérieure, font répétés par des Cyprès en feux, placés fur des dez de Marbre dans les entre-colonnes.

La Vouffure de l'entrée de la Nef qui conduit au Chœur, eft garnie de Caiffons & de Rofes à l'antique : des Rideaux noirs enrichis de Fleurs-de-Lys en Or, font retrouffés en feftons aux deux Chambranles de cette Porte. Celui de l'intérieur du Chœur eft de Breche violette, ces Pilaftres portent un fronton circulaire, dont

le

le fond eſt de bleu Turquin, & ſur lequel eſt une Tête de Mort en or & en relief, couronnée de branches de Cyprès.

Les Stales qui entourent le Chœur ſont entierement couvertes de Drap noir juſqu'à leur plafond, & forment le ſoubaſſement d'un ordre Ionique. Cet ordre eſt produit par des Pilaſtres de bleu Turquin, poſés ſur des arrieres-corps de Marbre blanc veiné; la Corniche, les Archivoltes, les Alettes, les Impoſtes & le deſſous des Arcades ſont de même Marbre; les Friſes & les Compartimens ſont de bleu Turquin. Tous les ornemens qui décorent cette Architecture, Guirlandes, Moulures, Baſes & Chapitaux ſont en or.

Ces Pilaſtres & leurs arrieres-corps ſéparent quinze Arcades, dont le vuide laiſſe appercevoir de profondes Galleries, dans leſquelles ſont placés des Amphithéâtres tendus de Drap noir. Ces Arcades ſont fermées en partie ſous les Alettes par de grands Rideaux noirs partagés en bandes égales de Drap & d'Hermine. Ces Rideaux retrouſſés, forment des nœuds que des Cordons à Glands d'or attachent au-deſſous des Impoſtes.

Au milieu des Archivoltes, ſur la Clef des Arcades, ſont de grands Cartouches en Or qui renferment une Tête de Mort en relief, couverte d'un Voile Lacrimatoire en Argent.

Une Baluſtrade de Marbre enrichie de Cannelures & de Baluſtres en Or, ferme le bas des Arcades, & regne également au-deſſous de l'Amphithéâtre du Jubé.

Le grand ordre eſt couronné d'une Attique dont la

Corniche de Marbre gris veiné, eſt briſée par huit.frontons portés par des Pilaſtres de bleu Turquin, enrichis de Cannelures, & de têtes de boulons en Or. Les fonds de ces frontons font en Hermine ainſi qu'une platte bande qui forme un quadre ſur le Drap noir qui rempli le champ de l'Attique.

Des Urnes Lacrimatoires de Lapis Lazuli, ornéesde bronzes dorés, & entourées de branches de Cyprès relevées en or, font poſées ſur des Acroterres à l'applond des Pilaſtres.

Les ſupports des Armes de France ; des Anges & des Génies Céleſtes, de grandeur naturelle, paroiſſants pénétrés de douleur, s'occupent à couvrir de Guirlandes de Cyprès, de magnifiques Cartels qui forment l'enquadrement des Armes & des Chiffres de la Princesse de Pologne, REINE DE FRANCE. Ces Chiffres relevés en Or ſur des fonds d'Azur, font alternativement diſtribués ſur l'entablement au-deſſus du vuide des Arcades, & placés entre les Armes ſur des Plinthes de bleu Turquin.

La même corniche porte, devant les arrieres-corps qui forment les Angles du Sanctuaire, de riches quadres en ornemens qui renferment des bas reliefs en Argent ſur un fond d'Azur, repréſentants la Charité & la Religion, remarquables par leurs attributs. Elles font placées au-deſſus de l'Autel. La Foi & l'Espérance occupent la droite & la gauche du fond du Sanctuaire.

De pareils arrieres-corps au-deſſus du Jubé font remplis par de ſemblables enquadrements, & préſentent la

Prudence & la Justice. Ces Figures, accompagnées de leurs symboles, retracent les vertus que la Reine a fait admirer en elle pendant le cours de sa vie.

La Voute du Chœur est foncée de drap noir. Ce triste cérémonial est usité seulement aux Pompes funébres & aux Obseques de nos Rois, ainsi que le troisieme litre qui enquadre & traverse cette lugubre décoration.

Le premier litre qui sert de couronnement au Plafond des Stales, est suspendu à une platte-bande de bleu Turquin, enrichie d'une moulure en or.

Le second rempli la frise de l'entablement Ionique, sans passer sur ses avants-corps, lesquels portent de grandes Fleurs de Lys en or & en reliefs.

Le troisième est posé au-dessus de l'Attique, & termine à l'extrémité superieure les ornemens de cet appareil funebre.

Sur ces trois litres parsemés de Fleurs de Lys en or & de larmes en argent ; des festons & des nœuds d'Hermine suspendent alternativement des Écussons chargés du Blazon de France, des Chiffres de la Reine, & des parties détachées de ses Armes.

Le Catafalque est placé au fond du Chœur, près de l'entrée de la Nef. Son plan nécessairement oblong, produit un Parallellogramme dont les angles sont arrondis.

L'Estrade sur laquelle pose la Représentation, est entourée de six degrés, nombre fixé aux Mausolées élevés pour les Rois. Ces degrés sont de verd de Canope de la haute Egypte, ainsi que le solide de l'Estrade.

HUIT Colonnes & quatre Pilaſtres de Priſme-d'Emeraude, d'ordre Ionique, ſoutiennent un entablement de Jaſpe fleuri, au-deſſous duquel s'éleve une grande Arcade, dont le Berceau eſt enrichi dans ſes compartimens, de Roſes antiques, de Moulures & ornemens en or. Les parties de cet Entablement qui regardent l'Autel & le Jubé, ſont ſurmontées de frontons ſur leſquels des Anges de Marbre blanc, de grandeur naturelle, ſoutiennent & attachent à des Cyprès de très-grands Cartels couronnés, au milieu deſquels ſont en relief les Armes de SA MAJESTÉ MARIE-CHARLOTTE-SOPHIE-FÉLICITÉ-LESZCZYNSKA, PRINCESSE DE POLOGNE, REINE DE FRANCE.

SUR l'Archivolte qui ouvre l'Arcade, une Corniche ornée de Cannelures & de feuilles d'Acanthes en or, s'éleve & couronne l'Attique ; un Socle de Jaſpe porte au-deſſus un Amortiſſement de bronze où poſe une Urne d'or formant un trepied, dont la flâme s'éleve au Ciel.

LES friſes de priſme-d'emeraude ſemblables aux Colonnes, ſont coupées par des Cadres en or, dont les extrémitées poſent ſur les roſes du Talloir des Chapitaux. Au milieu de ces Friſes, on a gravé des paſſages de l'Ecriture Sainte.

SUR la face exterieure de la principale Entrée, on lit ces mots :

*DISPERSIT DEDIT PAUPERIBUS: JUSTITIA EJUS MANET IN SECULUM SECULI : CORNU EJUS EXALTABITUR IN GLORIA.*

Pſ. CXI. V. 3.

Sur celle qui eſt vis-à-vis de l'Autel :

*POTENS IN TERRA ERIT EJUS, GENERA-*
*TIO RECTORUM BENEDICETUR.* Pſ. CXI. v. 2.

Dans l'intérieur à droite, des Tables pareillement enquadrées au milieu de l'entablement, offrent ces paroles :

*QUASI ARCUS REFULGENS INTER NEBULAS*
*GLORIÆ, ET QUASI FLOS ROSARUM, IN*
*DIEBUS VERNIS, ET QUASI LILIA QUÆ*
*SUNT IN TRANSITU AQUÆ ET QUASI*
*THUS REDOLENS IN DIEBUS ÆSTATIS.*
Eccl. ch. 50. v. 8

Sur la friſe de la gauche :

*QUASI OLIVA PULLULANS ET CYPRESSUS*
*IN ALTITUDINEM SE EXTOLLENS, IN*
*ACCIPIENDO STOLANT GLORIÆ ET*
*VESTIRI IN CONSOMMATIONE VIRTUTIS.*
Eccl. ch. 50. v. 11.

Les quatre Angles arrondis du ſoubaſſement qui ſert de Piédeſtal aux Colonnes, portent des Figures de Marbre blanc de grandeur naturelle, dont l'objet eſt de repréſenter les Vertus les plus chéries de l'Auguſte Princeſſe de Pologne, REINE DE FRANCE.

La Méditation ſur la vie humaine & la Confiance dans la Clémence Divine, ſont placées vis-à-vis la Porte d'entrée en face du Jubé. La premiere à droite eſt figurée par une Femme d'un age mûr, vêtue de deuil, & aſſiſe ſur un Sépulcre, tenant d'une main une bourſe renverſée, d'où ſortent des pieces d'Or, des Joyaux & des Couronnes, elle fixe les yeux ſur une Tête de Mort ; un écriteau placé fur une Urne de verre, offre ces triftes paroles:

*O MORS QUAM AMARA EST MEMORIA TUA.*

Au côté oppofé, la Confiance, une Guirlande d'Olivier fur la tête, tient une branche de Cedre de la main droite, & de la gauche une Corneille; un Ancre eft à fon côté, autour duquel eft un rouleau où ces mots font écrits:

*CARO MEA REQUIESCAM.*

Les Figures en face de l'Autel offrent les Images de la Contemplation fur la vie Éternelle, & celle de la Soumission aux volontés du Ciel.

La premiere à droite au côté de l'Evangile, eft fous les traits d'une jeune Femme, dont les yeux font fixés au Ciel, ayant les mains jointes & appuyées fur fes genoux: des Sceptres & des Couronnes font fous fes pieds. Le faint zele qui l'anime eft exprimé par ces mots écrits fur une banderole attachée à une croix qui eft à fa droite:

*SITIVIT ANIMA AD DEUM FONTEM VIVUM.*

La Soumission aux volontés du Ciel, placée du côté de l'Epître, eft caractérifée par une Femme qui a les yeux couverts d'un Voile qu'elle arrofe de fes larmes: à côté d'elle eft un Joug & un Livre des Saintes Écritures, fur lequel on lit ces mots:

*COR CONTRITUM ET HUMILIATUM DEUS NON DESPICIES.*

SUR les Piédeſtaux circulaires qui portent ces Figures, on lit ces paſſages tirés des Pſeaumes. Au-deſſous
de la Contemplation :

*DEFECIT CARO MEA ET COR MEUM:*
*DEUS CORDIS MEI, ET PARS MEA*
*IN ÆTERNUM. Pſ. 72. V. 25.*

SUR le Stilobate au côté oppoſé :

*NONNE DEO SUBJECTA ERIT ANIMA*
*MEA? AB IPSO ENIM SALUTARE*
*MEUM. Pſ. 61. V. 1.*

Vis-à-vis l'entrée ſous la Méditation.

*IN MANDATIS TUIS EXERCEBOR*
*ET CONSIDERABO VIAS TUAS.*
*Pſ. 118. V. 15.*

Sous la Figure repréſentant la Confiance en Dieu :

*SECUNDUM MULTITUDINEM DOLORUM*
*MEORUM IN CORDE MEO CONSOLA-*
*TIONES TUÆ LÆTIFICAVERUNT ANI-*
*MAM MEAM. Pſ. 93. V. 19.*

Sur le Marbre de l'Eſtrade, un Socle d'Agate Oriental
porte ſur des pattes de Lyons de Bronze doré, des
Conſoles qui ſoutiennent un Sarcophage d'or, dont
les côtés préſentent dans des bordures de Ciprès le por-
trait de l'Auguſte PRINCESSE DE POLOGNE, REINE
DE FRANCE. Des Médaillons aux deux bouts de cette
Urne renferment ces paroles :

*VIX MANET PARUÆ QUOD URNÆ CPIAT.*

Vis-à-vis de l'Autel.

*FINEM VITÆ SPECTA.*

Le Sarcophage eſt couvert de Poêle Royal, porté ſur un Aëtique, dont le brocard d'or eſt traverſé par une Croix de moire d'argent. Ce Poêle mortuaire, bordé d'Hermine, préſente dans le milieu de ſes quatre Angles les Armes de LA REINE, relevées en broderies. Le Manteau des Rois couvre la plus grande partie de cette repréſentation, & porte ſous un crêpe noir la Couronne des REINES DE FRANCE, poſée ſur un Carreau de Velours, garni de franges & de galons d'argent.

Des Lampes funebres ſont ſuſpendues à de grandes Guirlandes de Cyprès, attachées aux Roſes du Plafond de l'Arcade. Les chutes de ces Feſtons ſont retrouſſées & retenues par des Boulons au Solide de l'Attique; leurs ſombres Lumieres portées dans ce Monument s'uniſſent à d'autres Lampes inférieures, pendantes à des Chaînes d'or entre les Colonnes au Sofite des Architraves.

L'EXTÉRIEURE de ce ſuperbe Mauſolée eſt éclairé par un grand nombre de Flambeaux chargés d'un double Écuſſon aux Armes DE FRANCE & DE LA REINE, portés ſur des Chandeliers en argent, rangés ſur les ſix degrés qui environnent l'Eſtrade.

Devant les Colonnes, des Cyprès en feu s'élevent ſur des Guaines de Priſme-d'emeraudes Ces Guaines placées ſur les faces extérieures des Piédeſtaux, ſont ornées de Cannelures & de Rinceaux, & portent à leurs Chapitaux des Médaillons ſuſpendus à des Cyprès. Dans le milieu de ces Médaillons ſont des Figures Hyeroglifiques, en Lapis, ſur un fond d'or.

Le

Le fens de la premiere, placée à la droite Latérale, s'exprime ainfi par des caracteres en Azur tracés, autour d'une Eglife que l'on bâtit :

*NOBILE REGIS OPUS.*

L'exergue de celle qui fuit, eft placée autour d'un anneau rompu, & porte :

*CONSUMITUR ANNULUS.*

Autour de la troifieme, un Lys d'où coulent des Larmes qui produifent d'autres Larmes :

*LILIUM SERITUR LACHRIMÆ SUÆ:*

A la quatrieme, un Flambeau éteint avec fes paroles :

*SPERO LUCEM.*

Un Cœur couronné & entouré d'une grande lumiere, eft placé à la cinquieme; la devife s'exprime ainfi :

*COR REGIS IN MANU DEI.*

Au-dessous de la fixieme Piramide de Lumiere, eft écrit autour d'une Colombe qui s'envole au Ciel :

*QUIS DABIT MIHI PENNAS ET VOLABO.*

Le feptieme Médaillon préfente une Palme traverfée par un Rameau de Cyprès, avec cette Legende :

*ERIT ALTRA MERCES.*

La Figure Hyeroglifique préfente au dernier, deux mains jointes, couvertes d'un voile noir, avec ces mots :

*VELATIS MANIBUS ORAT.*

Les Colonnes qui font en avant-corps fur les côtés, portent des Gerbes de feux élevées fur des Girandoles. De femblables Lumieres ornent les Angles du Couronnement & s'uniffent à un Cordon lumineux, placé fur la plinthe de l'ammortiffement.

C

Ce Mausolée est couronné par un magnifique Pavillon, dont le dessus forme une Coupole ovale revêtue de Drap noir, parsemé de Fleurs-de-Lys relevées en Or. Ses Angles saillans sont en Hermine, & portent sur les moulures qui forment la Corniche extérieure de superbes Aigrettes de plumes blanches & noires. Son Plafond de Velours est traversé d'une Croix de moire d'argent & garni dans ses Angles des Armes en broderie, de LA PRINCESSE DE POLOGNE, REINE DE FRANCE. Les pentes qui l'entourent, forment des chutes & des festons d'Hermine, & sont attachées à des Agraffes faites de Têtes de Morts aîlées, aux Angles saillans de la Corniche.

DE grands Rideaux noirs doublés de bandes d'Hermine, & couverts de Fleurs-de-Lys en or & de Larmes en argent, sortent des pentes de ce riche Pavillon, & sont retroussés par des Cordons à glands d'or, suspendus à la Voûte.

LE Sanctuaire est séparé du Chœur par trois degrés placés entre deux corps de Balustrade, dont les Pilastres sont de breche violette, ornés dans leurs compartimens de bleu Turquin, de Balustres & de moulures en or.

LE Soubassement qui porte le grand ordre est formé de Pilastres & d'arrieres-Corps, pareillement de Breche violette & de bleu Turquin. Des Ecussons aux Armes de France sont suspendus à des Guirlandes de Lauriers, attachés sur les moulures qui forment les chapitaux de ces Pilastres.

LES espaces qui sont au-dessus des Tribunes sont tendues de Rideaux noir enrichis de Galons, de franges en argent & d'Ecussons aux Armes de France.

UNE grande Niche de Breche violette fait la fond du Sanctuaire: l'Entablement du grand ordre lui sert d'imposte.

Ses Compartimens font en Marbre bleu Turquin, & fes Ornemens, en or. Au-deffus de fon Archivolte, un fuperbe Dais de Velours noir couronne l'Autel; fa Corniche en argent porte fur fes Angles de grandes Panaches de plumes noires & blanches. Le Plafond de ce Dais eft coupé par une Croix de moire fur un fond de Velours, garni dans fes Angles des Armes en broderies, de SA MAJESTÉ. Ses pentes enrichies de galons & de franges en argent, repetent les mêmes Armes des deux côtés. De grands Rideaux couverts de Larmes & doublés d'Hermine, font retrouffés & forment des nœuds attachés à des mufles de Lyons entre les Pilaftres.

L'Autel s'éleve fur trois degrés au fond du Sanctuaire. Son Parement de Velours noir, eft couvert des Armes du Roi en broderies, placées entre une Croix d'étoffe d'argent. Son Retable qui eft de Lapis, parfemé de Fleurs-de-Lys en relief, porte trois Gradins & un Socle de bleu Turquin, terminé en Amortiffement, qui fert de bafe à un Chrift en argent, de grandeur naturelle.

Derriere la Croix de ce Chrift, un Reverbere fait réfléchir fon ardente Lumiere au centre d'une Gloire, au milieu de laquelle eft écrit en Hebreu le Saint nom de Dieu. Un Cercle de Nuage de Marbre blanc, rempli d'une infinité de Tête de Chérubins, intercepte & entoure les Rayons d'or de cette Gloire, dont les Faiffeaux rempliffent cette grande Niche qui fert de fond au Sanctuaire & à l'Autel.

Trois filets ou cordons de Lumieres placés au-deffus des Litres entourent le Chœur. Celui qui eft pofé fur le Plafond des Stales, eft porté par des Fleurs-de-Lys en or. Le fecond, placé fur la Cimaife de la grande Corniche, eft produit par des branches faillantes & des Girandoles fixées fur l'applomb des Pilaftres. Les Lumieres du troifieme font diftribuées fur le Tympan de l'Attique, portées par des Trefles & des Fleurs-de-Lys en or.

Des Guaines de Lapis cannelées, enrichies de Guirlandes de Lauriers & d'Ornemens en or, font pofées fur chacun des Pilaftres, & élevent chacune trois Girandoles chargées d'un grand nombre de Lumieres.

Les Cartouches qui couvrent les Chefs des Arcades, portent chacun un Cercle lumineux, femblable à ceux qui font placés au fond du Jubé, au-deffus des Armes de France, fur des Tables de compartiment.

Les Pilaftres des Baluftrades qui regnent au Jubé au-deffus de l'entrée du Chœur, fervent de bafe à des Girandoles couvertes de Lumieres.

De femblables Gerbes de feu font placées fur les Amortiffements des Pilaftres de la Baluftrade qui fépare le Chœur du Sanctuaire.

Vingt-quatre très-grands Chandeliers d'argent rangés fur les Gradins de l'Autel ont chacun à leur Lumiere les doubles Ecuffons des Armes de France & de la Reine.

La Chaire du Prédicateur eft placée au-deffus des Stales, au côté de l'Evangile, elle eft couverte de Velours noir, de franges, de galons d'argent, & des Armes de SA MAJESTÉ.

## F I N.

*La premiere des Planches qui fuit cette Defcription, préfente l'élevation Géométrale de l'un des bouts du Catafalque.*

*La feconde, la partie Latérale.*

*La troifième, la Coupe fur le milieu.*

*Et la quatrieme, les Plans.*

*Elévation Géométrale.*

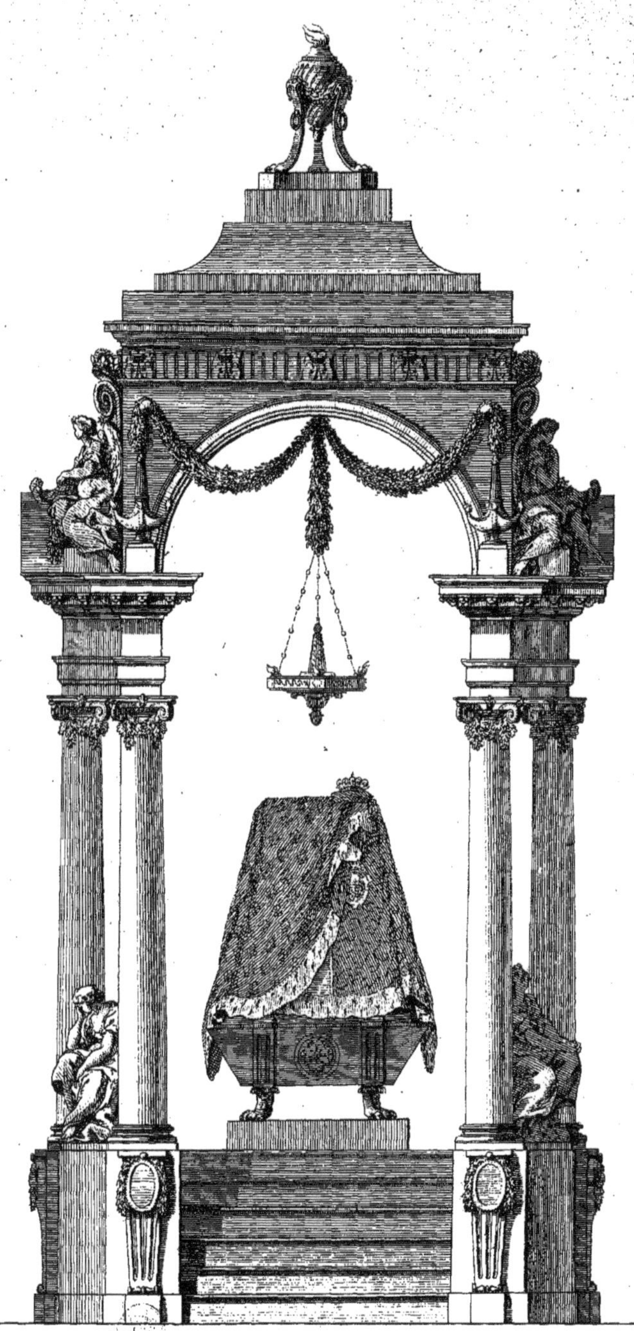



*Elevation lateralle.*

*Coupe sur le milieu.*

Plan des Plafonds.

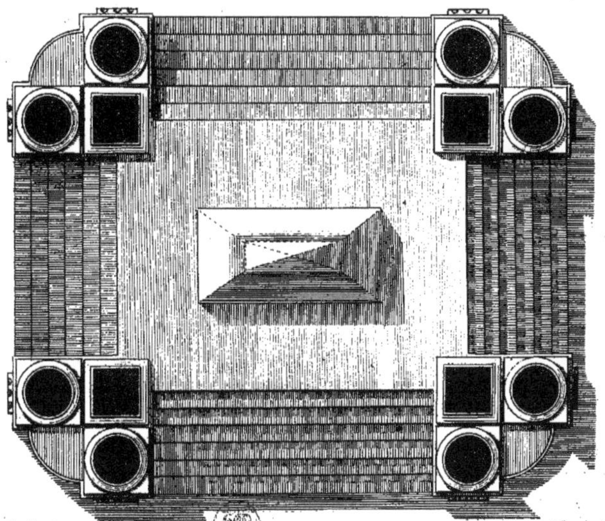

M.C. Challe inv.

Martinet Sculp.

Plan de Lestrade